Yusuf E…

Latifeli Ş…
AHKÂM …
TOHUM…

Yusuf Eradam, Bor'da doğdu. Cumhuriyet (Bor), Yavuz Selim ve Demirlibahçe ilkokullarında (Ankara), Darüşşafaka Lisesi (İstanbul), Hacettepe Üniversitesi'nin İngiliz Dili ve Edebiyatı Bölümü ile Fransız Kültür Merkezi'nde (Ankara) ve Moray House College of Education'da (İskoçya) öğrenim gördü. İngiliz Kültür Derneği ve Hacettepe Üniversitesi'nde, University of Nevada Las Vegas'ta (UNLV) ve Saginaw Valley State University'de (SVSU, Michigan) hocalık yaptı. Yurt içinde ve dışında çeşitli panel, seminer ve konferanslara katılıp dil, edebiyat, çeviri ve popüler kültür alanlarında bildiriler sundu. Şiirleri, öyküleri, çevirileri ve fotoğrafları yurt içi ve dışında yayımlandı. Cumartesi annelerini konu alan öyküsü "Külkedisi" SVSU müfredatına alındı. "Eyvah" başlıklı öyküsü de *Cardinal Sins* dergisinin 1999 öykü ödülünü aldı. Yusuf Cemali, Fikri Belli ve Gary Mc Yeah Well takma isimlerini artık kullanmıyor. İlk fotoğraf sergisini Saginaw'daki Cage galeride Nâzım Hikmet'in şiirleri eşliğinde "Humanscapes from Turkey" başlığıyla depremzede Darüşşafakalı çocuklar yararına açtı. Beste yapıp şarkı sözü de yazan Eradam, Darüşşafaka'da Türk Halk Müziği ve Maydanozlar Grubu, Hacettepe Üniversitesi Türk Sanat Müziği korosu ve 2000 yılı boyunca da Anadolu Halk Ezgileri Topluluğu içinde şarkı ve türkü söyledi. Halen Ankara Üniversitesi, Dil ve Tarih-Coğrafya Fakültesi, Amerikan Kültürü ve Edebiyatı Anabilim Dalı başkanı.

Kitapları: *Gül Kanadı Dudağım*. İstanbul: E Yayınları, 1994. (Şiir)
Ben'den Önce Tufan: Sylvia Plath ve Şiiri. Ankara: İmge Kitabevi, 1997. (İnceleme) *Aşk Bir Şiddet Eylemidir: Latifeli Yazılar.* İstanbul: E Yayınları, 1999. (Deneme, anı, mektup) *Kirli Kırlent: Latifeli Öyküler*. İstanbul: E Yayınları, 1999. (Öykü)

Çevirileri: Paul Auster, *Cam Kent*. İstanbul: Metis Yayınları, 1994. Paul Auster, *Kilitli Oda*. İstanbul: Metis Yayınları, 1994. Okot p'Bitek, *Lawino'nun Türküsü*. (Güler Siper ile birlikte) İmge Kitabevi, 1996. Sylvia Plath, *Ariel*. Ankara: İmge Kitabevi, 1997. Herman Melville, *Katip Bartleby*. Ankara: Dost Yayınları, 2000.

Doğa eder (agit). İnsan eyler (facit). Amacın bilinciyle etkinlikte bulunan akıl sahibi özne, işler (operatur). Duyuya gelmeyen zihinsel neden, kılar (dirigit).

Immanuel Kant, *Fragmanlar*.
Türkçesi: Oruç Aruoba. İstanbul: Altıkırkbeş Yayınları, 2000:15

To Janice and
Tom

for the beginning
of a good friendship,

Yusuf
6 April 2002
Istanbul

Okuyanus Yayın
Şiir - 01
Şiir

Yusuf Eradam
Ahkâm Vakti Tohumları

ISBN: 975-8420-08-9

I. Baskı: İstanbul, Mart 2001

Yayına hazırlayan: Deniz Koç
Kitap tasarımı: 2 Tasarım / Mehmet Ulusel
Kapak tasarımı: 2 Tasarım / Mehmet Ulusel, Ayşe Topçu
Film, baskı ve cilt: Mas Matbaacılık A.Ş.

Hacıemin Efendi Sokak, Mak Apt. 9/1 Daire:2 Nişantaşı 80200 İstanbul
Telefon: (0212) 232 5373, 232 5379 **Faks:** (0212) 231 5220

okuyanus@okuyanus.com.tr
www.okuyanus.com.tr

İÇİNDEKİLER

hayat hali

Bana göre kişi düşünür olmalı, kendinden bir düşünür etmeli.
Şair ise bütün duyularını devasa, uzun mu uzun, kasıtlı bir zıvanadan çıkışla düşünür eder kendini.

Arthur Rimbaud, *Paul Demeny'ye Mektup*, 1871

Bal gibi tatlı şeyler edimlerinden ekşirler de zambaklar
Çürürken işte bu yüzden çerçöpten daha kötü kokar

William Shakespeare, *94. Sone*'den

elma çiçeği

"ben," derdi annem,
"bunu bilir, bunu dirim
ben, dirim
dirim, dirim
ben bunu dir, bunu bilirim."

çocuktum anlamayabilirdim
şimdi
ben dirim, dirim
annemi anladığımı zannederim.

15 Ekim 1997, Ankara

nerkis

"Akdeniz mi dağladı tenini?
Tenindeki kimin diş izleri!"
Böyle haykırdı Kalkhas
Apollo'nun kahini
Karpaz'da karaya vurmuştu
İphegenia'nın leşi
Çığlığı düşey
Canhıraştı kalbi
Belli kana kana içmiş deryayı
Şişmiş kuğu bedeni
Ağaç durdu, silgi kudurdu
        Su aldı başını gitti
        Çünkü aşk bitti.

Ağaç durdu
Gece erdişine soyundu
Kendine kapandı Kalkhas
Aklında Tiresias'ın memeleri
Yılan kuşu beğendi
Ve kalem sustu
        Kalkhas geleceği unuttu gitti
        Çünkü aşk bitti.

Ağaç durdu
Gece har, sabah yok diyar
Kumlara uzandı düşüncesi
Suya kilitlendi haresi
Cıvıl teni, bilya sesi
Cengâverce kenetlendi gölgesine
"Yağız yalnızlığım benim
Aklımın utanç prensi!"
Pişmanlığı sindirdi Kalkhas
        Atlas düşleri çekip gitti
        Çünkü aşk bitti.

Ağaç durdu
Kalkhas, asude yolcu,
Kumkapı'daydı dün gece
Şarkısı nar nağme
Dili som heceydi
Suyunu bana uzattı
İçeyim de kuğusu olayım diye
"Su gibi aziz ol" dedim
Öyle güldü, öyle güldü ki
Şarabını içemeden gitti
        Çünkü aşk bitti
        Şimdi ahkâm vakti.

1 Eylül 1991, Kıbrıs - 10 Kasım 1994, Ankara

kedi otu çiçeği

o ne latifeli şarkıydı söylediğin imge hırsızı
o şarkıyı ne güzel söyledin tadı kamaştırdı damağımızı
o sendin gece gölgelerine tutuna tutuna
aya tırmanıp da tastamam düşlere tırnağını geçiren
o sendin sabah çiğdeme değmeden de
ışık çizer gibi seken ardından inatla kalan bahçede
sendin toprağını eşeleyen dulavratotu menekşenin
hele herkes inatla yaşama sarılarak ihanet ederken sana
kemoterapiden ardakalan üç tel saçını
hasta kırık sazlarına takmadıkları için bile bile
salt intikam için ölmeden az önce
pencerede güneşi tarağında yakalayan ince ipince...

29-30 Ekim 1997, Ankara

berfin

Yeşim Salman'a

çıkarma ayakkabılarını tandır dudaklı terliğim yok sana verecek
kiraz zamanı geçince bu evde tandır yürekli yalınayak gezecek

tandır bedeni pamuksu nazenin harup teni kim zımparaladı böyle
tandır dilim yanıtlar yakar şepelerini teninin söze dökersem öyle

şaraba banmalı zamanı tandırdan çakrama som ışık düştü düşecek
tandır dizeler sürmeli bitti mi aşk bitti kof ömrüm tükenecek

çağrılara kulak kabartır kalbim tandır keman cirit atar
yola düşer leyli çocuk batar tenime tandır cam canım yanar

bu tandır kış geçmeli sevgili görüşürüz dedi geldi gelecek
beklemek zamana sığmıyor tandır mekân bir fırkateyn uçtu uçacak

hep sordum sarı çiğdeme
taş sustu hocam taş sustu
yer sundance temple uzadıkça uzar
dans ettim sizinle sabaha değin
avcum kanar mezopotamya'da
şarap ılıdı ılır
taş bilir
taş susar
söz tandır
taşar

Nisan 1993, Utah - 14 Aralık 1995, Ankara

hanımeli

yağmur gündüz de düşüyor
yağmur apansız bir ülke

istemekle başlar aşk
şiirinizi bitirdiğinizde
aynı gece kapanır
sizin ve ötekinin üstüne
en amansız koku
yine aynı topraktan fışkırır

bu latifeyi okuyun ötekine de siz
bir iğde ağacının yanından geçer gibi hayat
mis gibi çakırkeyf bir sürpriz

21-22 Ekim 1997, Ankara

gardenya

teninin sahiciliği öyle kalıcı ki
herkesten kaçırmam bundandır bedenimi
ihanet bellemesin diye başka bir dokunuşu
bir kuğu gibi uzanmazsa ne yaparım kokusunu?

21 Ekim 1997, Ankara

çan çiçeği

Tolga Adanur'a

gene geldi yağmur mevsimi
içtim içtim sözcüklerin izniyle zamanı da
şarap içinde camdan odam çın etti
yüreğim genleşti genleşti çıt etti etmesine de
pervazdaki güvercin duymasaydı bunu keşke

21 Ekim 1997, Ankara

kadife çiçeği

zerdali. sucuk. lengeri. kuru üzüm. hevenk. ablamın omuzlarında
saçları. tokuşturalım tahta kılıçları. tozlu bağ yolları. lastik
pabucun akşam ayağımın üstünde resmi. tonaka!
ayağınla girme dimedim mi sana. daha yeni sildim yilleri! anneee!
tosbağa niye ölmez anne? saat kaç yusuf. üçten beş var. bu ırmak
nereye akar abla. bu dam bizim mi. keşkeğe baniim mi?
tandıra yanaşmiim mi? gevremiş bu şepe. komşular. baltacı
mustafa aksi ama sessiz. nazir'abla sesli ama munis.
avlusu kimyon. oğlu asaf, kösele tenli arkadaşım benim.
hızara yol verir. asaf'ın kızkardeşi neşe yanlış bir iğne yüzünden
bile bile lades umutları ekmiş gözlerine hep sedirde hep sedirde.
ayşe. ayşe iyi de ille de silecekçilerin torunu habibe. ah habibe!
o da ne. elleme. aklım fikrim habibe'de benim.
sen elleme beni zerdali ağacının dibinde.

21 Ekim 1997, Ankara- 1 Eylül 2000, Şişli

filbahri

grotesk ninniler çınlar yüzyıllar da geçmiş belki aradan
bir tek can yok ki anımsasın da haber göndersin oradan
tek tük ses tek tük söz arabesk gün artık dün
belletmen ranzadan düştüğümü görmese bugün.

21 Ekim 1997, Ankara

madımak çiçeği

Behçet Aysan'a

çocuktum ufacıktım oyun oynadım
arkadaşlarımla adlarını unuttum
beş taşı yerden kaldırıvermede yoktu üstüme
şükürler olsun o beş taşa
adlarını bilmediğim kuşları öldüremedim
doğru dürüst tutamadım ki sapanı tek elimle

çelik çomağımla, uçurtmamla
bütün dünyanın çocuklarıyla birdim kolaylıkla
duvarlara asılı düşlerime türkü çığırmada da ustaydım
eli sopa tutan müdür bey onları bir bir yerle bir etmeden önce

o günden sonra işte elim değmedi öldürmeye
asla oynamadım kibritle
canlı bir şeyleri yakarım diye

şimdi dünyanın her yanından kuşlarla dolu odam
şiirler içinde saklambaç oynuyorum
göz çıkarmayayım diye yaparken kaş
ninnilere ışık tutayım diye
olmayayım diye
sapana taş.

Temmuz 1996, Ankara

yeli

kuzey yıldızı güneye doğru usuldarken
geceyi yaksın diye söz vermiştik
demiştik ki insanlar sözünde özünde özgür olsun
ve bitip tükenmeyen güneş geceyarısı
düşlerimizi umutlarımızı ışıtsın dilemiştik
sözümüzün özü buydu öyleydi doğanın özü de tanrınınki de
yadsınamayası olanı talep etmiştik

gün ışığında çocuklar
oynadıkları topu ötekine
verirken gül açsın istemiştik
dikenleri de kucaklamak için
yarışsınlar dilemiştik
yaralamadan birbirlerini

biz demiştik ki
böyle olsun demiştik
ve biz
acıyı bile kucaklarken hep birlikte olalım
gece elini eteğini çekerken düşlerimizden
yağmurdan çamurdan hep birlikte
gözyaşlarına boğulmadan eve gidelim istemiştik
çünkü biz biliyorduk herkesin derdi kendine
ama birlikte çekilen acının yalnızlığıdır bıraktığı geride
gerine gerine son soluğumuzda bile ket vururdu sesimize
farklı bellersek ötekini kendimizden diye.

cam güzeli

yüzüm darman çorman
sesim palas pandıras
saçım süklüm püklüm
sözüm abuk sabuk
mekân usul usul çimdikliyor
atının terkisini hazırladı sevgili tırıslayacak
toynaklarından zincirledim hayvanı haberi yok
bu sonbahar böyle gidilir mi
her taraf sefil sarı
her yanım canhıraş kırmızı
toynaklarından bağlamışım atımı
ellerim bu yüzden halim selim değil
bu yüzden kıpır kıpır tenim...

21-23 Ekim 1997, Ankara

sakız sardunyası

İlhan Berk'e

sıcağını elinin
ensemde hissedince şairin
vebali gibi anamın
ömrüme, kalemime
yol olur bilirim...
böyle dik ve dikey duracak sırtım
yüzünden şiirin sesin
sırtıma dayananı pek severim
ben o zaman sabit kalem olur yazarım
sürerse diline
değdirirse kağıda
şiir olur
her eve girerim.

Temmuz 2000, Ankara-1 Eylül 2000, Şişli

iğde çiçeği

Barış K'ya

aşık kemiğim sızladı iki taş arasından
yokuşbaşındaydı çocukluğum
yokuşaşağı gidiyordu gün

en mutlu günümde ağlardı akasya
merdiven başında her gece yolumu gözlerdi yabani nane
yabaniymiş öyle söyledi Müyesser teyze
söküp attı sonra naneyi
selamı kestim diye

aşık kemiğim sızladı çıktı
iki taş arasından
fıstıklı yalı yokuş
fıstıklı yalı yavaş

en mutsuz günümde gülerdi elleri sevgilinin
pencere önünde her sabah yolumu gözler sardunyalar
su serpiyor usulca üstlerine Muazzez teyze
yanından geçerken daha keskin koksunlar
başım dönsün de aşkı seçemeyeyim diye

aşık kemiğim sızladı iki taş arasından
parmaklarım arasındaydı daha dün
dimdik düşerdi yere
fıstıklı yalı yokuşundan yukarı
iki büklüm çıkıyor Melek teyze
kırmızı mercimek ve ekmek bakkaldan
fıstıklı yalı yokuşundan aşağı iki çocuk
kuran kursundan koşa koşa yokuşaşağı
beykoz çayırına naa nii naa niiii
-ben olucam ha kaleci!

aşık kemiğim sızladı iki taş arasından
eğildim aldım evirdim çevirdim
bir zamanlar ben de çocuktum sevindim
hâlâ vaktim var aşık atmaya
ama yokuşyukarı
yokuşaşağı ama.

10 Aralık 1995 - 2 Ocak 1996, Ankara

menes

Nemika'ya

süslendin püslendin
kokular sürdün kulak arkalarına
öldün sonra
özledim seni çok özledim
ağladım hem de çok ağladım
karnım acıktı sonra
kekikli zeytinyağına bandım ekmeği
sahile indim kahve içmeye
baktım dalga dünkü kuytuyu sahiplenmiş gene
vurur ha vurur
süslendim püslendim
ölüme karşı tükenen
sadece gurur

30 Ekim 1997, Ankara

deli patpat

kırlangıçlar bisiklet sürüyor dil ve tarih avlumda şimdi
içimdeki kırlangıç aşk hırsızlarını kovalıyor
insan ağusundan başı dönmüş de bir tanesi
deliliğin sınırlarında mutlu aşkı zorluyor

21 Ekim 1997, Ankara

oğul otu çiçeği

Emre Göktepe'ye

saçın düşünce gözlerinin önüne
neyi görürsün bilirim
içim acır
ah bana bir sarılsan
ay kırılır darmadağın yüzümde utanır

gece onbirden sonra beni dinlermişsin
günün birinde seni bulacağımı bildiğimden
yazdığım yazgı şarkılarını
yanımdayken bile nasıl özlerim oğlum seni nasıl
ellerin koltuğun kollarını kavradığında
gidecek işte gene gidecek
oğlum canım soluğum
gidecek diye telaşlanışımı görürsün bilirim
bu telaş seni yıkacak diye telaşlanışımı da görürsün
kalbim ağrır
herkesi ayıran o mutlak ahkâm
o adinin adisi yaratık irade
bize de bulaşacak
etin cızz edecek diye
ve tam da bulmuşken sen ben
ödüm kopar yitireceğim diye
bana sen diyebildiğin
deyiverdiğin anlardan kopar fırtınalarım
o zaman muhayyilem nasıl şaşırır
nereye koşuşturacağını nasıl da bilemez bilir misin
hangi yönden nerelerden seni yeniden
yeni baştan yaratacağını
seni yere mi göğe mi sığdıracağını
nasıl da şaşırır bilir misin?

benden önce ölme
çünkü o zaman ölürüm yaşarken
ne telaş kalır
ne kalbim ağrır
ne bilirim
ne görürüm yoksa
yoksan...
kendine dikkat edeceksin
alabildiğince yaşayacaksın
hata yapacaksın hata üstüne
yoksa
helal etmem suyu
helal etmem havayı
helal etmem toprağı
aşkı
yaşama aşkını
helal etmem
yoksan...

sen yoksan
parmaklarım arasından sızan
sızılarımdan gürüldeyen ırmaklardan
düşlerine doluşan deryalar kadar
karabasanın olur böylesine büyük bir sevda

oğlum, oğlum
ben
aşk'ım
sayende.

3 Temmuz 1998, Ankara

zambak

çok aradı gölgesini
aşkı saran her yerini
aşktı teni nefesi sesi
renklerden en temizini
kendini beğendi.

Haziran 1999

aşk hali

Yaşamında, şunları da yaşayabileceksin:--
1) Birisini, ona söyleyecek bir şey bulamadığın için, aramak...
2) Birisini, onu artık görmeyeceğini söylemek için, beklemek...
3) Birisini, onu görmemeye dayanamadığın için, terketmek...

Neler yaşamayacaksın ki!...

Oruç Aruoba, *De Ki İşte*. İstanbul: Metis Yayınları, 1999:64

deli haşhaş

aşk bir şiddet eylemidir desem de
razı gelmez yürek som ıssızlığa
insan gene de bağlanır usanmadan
faili meçhul bir cani gibi aşka.

Şubat 2000

bugenvil

adıyla müsemma sonbahardayım
göz göze değmez, kamaşıyor
akşam sefaları taş sokaklarda
yol bitmek bilmez, dolaşıyor

ay batıyor, ayy batıyor
deniz, kayık ve yıldızlarda yangın
ay batıyor, ah ay batıyor
bahçemde bir gül edepsizce kokuyor.

13-15 Eylül 1994, Cunda

çuha çiçeği

bana dokundun dokunucan ya her an
onçeşmenin çınarından havalanan
ürkek bir kumru serinler kanadından

21-30 Ekim 1997

manolya

köpürsün kalem!
köpürsün ay bu gece!

iki satır kessin sözü
birbirine öylesine yakın
güneş gibi kessin rüzgârı
ve tutsak etsin
damarı delik bir hayatı
mekân ile zaman arasındaki eşiğe
uzaklıklara...

köpürsün silgi!
köpürsün güneş bu gece!

iki sarsak kâlp kessin sesi
birbirine öylesine uzak
ay gibi kessin denizi
ve tutsak etsin
duvarı yıkık bir hayatı
kof yakınlıklara...

gün kavuşsun güne
ateş düşsün iliğe, mimiğe
kalem sussun!
silgi tutuşsun!

aşkı arayan ve dölü
laçin bir kadın
oynasın bu rolü.

8 Mayıs 1994, Ankara - 28 Ağustos 2000, Yalıköy

manisa lalesi

madredeus'a

gece biter usulca
güneş doğar usulca
aşk olmaz hiç telaşla
bir öpücük usulca

gece biter usulca
çay börek aşk usulca
buyrun lütfen usulca
güle güle usulca

usulca gelsin su
usulca dursun su
usanma yol sır su
hayat bu kor su

gör kendini usulca
bil kendini usulca
ölüm olmaz telaşla
bir buse ver usulca

Eylül 1998, Yalıköy

kır menekşesi

bu aşk
ateşe daldırır gibi
başı
soğuruyorum zemheri
aşkı
çıtlıyor çörtendeki
buz sarkıtı
bu kar akışta
öteki aşk
başkaymış
usulmuş heyelanı
hep tek kişi kalırmış
altında

başkaymış

21 Ekim 1997 - 29 Ağustos 2000, Yalıköy

mine

vızır vızır gece
tir tir hasret
bu minicik meltem
eteklerini uçurur da
senin de tüylerini ürpertir
en duyarlı yerinden
bilirim, bildiğimi bilirsin
en dokunaklı yerinde hissederiz
bu bahar da hasreti
vızır vızır yıldızlar
tiril tiril mesafemiz
bunu bilir bunu anımsarız
kırılmasın diye kalbimiz

3 Mayıs - 21 Ekim 1997

zakkum

Serkan'a

off yaa!
gözün kör olmasın bahar!
topu topu bir dışarı çıkayım dedim
yine güp güp etti kanaviçe kalbim
yanılmışım
valla billa bitmemiş aşk
ben bir garip ademim
sen bağışla, estirme destursuz rüzgârların üstüme
soluk alamıyorum günden. aşktan.
nasıl yaşıyorum gece kan revan. aşktan.
ölüm korkutmuyor düşlerde. aşktan.

off yaa!
niye çıkageldin dün gece ansızın?
gelmeyesin teneşirlere
yanılmışım
valla billa tükenmemiş aşk
sığmıyor kalbim tebeşirlere
sevabı da günahı da tebelleş ediyorum bir keşkeye
kutsal devinimlerim gelinciğe dönüşmeden önce.

off yaa!
toprak olayım ama deşme
dökme kezzap yağmurların üstüme
ödüm kopuyor, yüreğim ağzımda
bir vurursam dışarı
yüzüme gözüme bulaştırırım da
"baharlar açmış" der afillinin teki
bir gören olur, zalim olur
nazar değer göğsümdeki kâmil ateşe.

off yaa!
geldin madem şiir yazayım uyaklı
dallarında gördüm kaç kiraz
aman n'olursun uslu dur biraz
sen oldukça, büyüdükçe başak
yemin ediyorum bitmeyecek aşk

at gibi geldiydim sana, it gibi dönüyorum
bırak saçımı, saçımı bana bırak
tükenmeden üç gulfü bir elhamsız
eve gitmek istiyorum, yangınlarım ıssız.

off yaa!
istersen sen de gel
bütün kıskaçlarınla
akıt boğazımdan zehir zemberek abu hayatı
böyle anlarsın belki şiirle yuduğumu aşkı
aşk bile bile lades umudu
geleceksen gel yaa!
cürmün kadar yer yak yaa!
buzlu ışığın gözümü perdeledi
çorak elin taşlaştırdı dur durak bilmez yüreğimi
dantellere sardı düşlerimi tenin
sözümü kâfir etti aşka dilin
bana ne kaldı?
off yaa!

çorak geceye
doludizgin
topal atlar
üşüştü

off yaa!

26 Şubat -13 Temmuz 1995, Ankara

petunya

kaç kez ihanet ettim sana
ya sen kaç kez bana

şekersiz içtiğimi unuttun çayı önce
sonra aşktan bıraktığımı sigarayı bile

kaç kez ihanet ettin bana
ya ben kaç kez sana

önce uzattım tuturuk elimi pıtırcık gamzene
sonra aşık olmanı izledim bir başkasına

kaç kez ihanet ettim sana
ya sen kaç kez bana

önce boşladın gözlerimin içine oya dantel bakmayı
sonra kestin posta kutuma şiir bırakmayı

kaç kez ihanet ettin bana
ya ben kaç kez sana

üstüme gönderdiğin tenleri kokladım öptüm önce
kumru kanadına koydum seni sonra el salladım usulca

kaç kez ihanet ettim sana
ya sen kaç kez bana

önce aldırmadın sigaraya yeniden başladığıma
sonra ardına bile bakmadın endamın kaldırımda

kaç kez ihanet ettim sana
kaç kez ihanet ettim sana

su vermedim bugenvile
kuruttum iğde ağacımı bozmadım bağımı

söyle kaç kez ihanet ettin bana
ihanet ettikçe ben sana.

14 Haziran 1995 - 18 Ocak 1996, Ankara

lavanta çiçeği

at kılı kadar sert
gül dalı kadar yumuşaktı

ağlarken çenesi titrerdi
suyu sevmezdi
yine de yasemin kokardı nefesi
her sarılışında imdat niyetine tenime
canımı alacak gibi sıkardı
ağlardı "kanıma girdin" diye
gamzesinden önce titrek ağzı
ilhamlara açılırdı
çünkü kaymak çenedeki tüyler
at kılı kadar sert
gül dalı kadar yumuşaktı

unutmadım dudak altı gül bahçeyi
suya resmettim bıçakucu giz geceyi
bir ebru aşk idi mah cemali melâike
koruk değil idi meyvesi

at kılı kadar sert
gül dalı kadar yumuşaktı
memnu idi, su tutmazdı.

Nisan 1995

kana

gençtik, ne güldük ama ne güldük
serviymiş diye galya falında karşılığım
şimdi köknardan ağı kaynatırsın bal çanağında
ne güdük, ne güdükmüş aşkımız anladığım

21 Ekim 1997, Ankara

mimoza

hiçbir şey gelmiyor aklıma
çimenlerin kokusu
ırmakla yarışan günün bulutsu dokusu
ıslık çalan meşedeki ormana saklı neşe
aramızdaki ipincecik kelebek perde
kalkıverecek gibi de olsa
ah o dantel düşleri unuttum, unuttum hepsini
kışa hazırlanıp çürüse de krizantem
mekânımda asılı kalsa yüzünün kehribar sureti
içimden gelmez yazmak eski şarkıya yeni söz
ben eksik etmem kendi gölgemi kucağımdan
arka bahçede usulca ölürüm
ve hiç gitmez sürmeli serv-i revan
seni artık sevmediğim aklımdan.

unuttum, hepsini unuttum lakrima
kapıyı çalan bile içeri girmez
herkes bilir çünkü seni sevmediğim
ölürüm de aklımdan gitmez.

Nisan 1995

mercanköşk

Bir insan kilitli olmayan, ama içeriye doğru açılan bir kapıyı boyuna itiyor, çekmek aklına gelmiyorsa, odada hapistir.

Ludwig Wittgenstein, *Yarı Değiniler.*
Türkçesi: Oruç Aruoba. İstanbul:Altıkırkbeş Yayın, 1999:37.

o
vardı
oda
vardı

odada
o
da
vardı

odada
herkes
vardı
odalar
vardı
o da
odaydı
bu da
odaydı

o
odada
herkes
onu
arıyordu

o
da
arıyordu
odada
olmayanı

o
arıyordu
da
ondan
yoktu
oda

onun
aradığı
yoktu
odada
ondan
arıyordu
o

onun
aradığında
yoktu
odada
o
arıyordu
onun
yokluğunda

o
onu
ararken
vardı
aradığını
biliyordu
ondan
vardı

oda
vardı
o
da
var
dı

bir
gün
odada
ara
mayı
boşlay
ıve
rdi
o
da
aram
ayıverdi

o
yoktu
odada

o
odada
yoktu

o
yoktu

o
da
yoktu

oda
da
yoktu.

Nisan-Haziran 1995, Ankara

kahkaha çiçeği

sığdıramıyorum şiirler sığ seni tasvire
müstehak değilsindir bu şiire belki bu vebale
kara kara kartallar kara kalbine kulp takmışlar da
alim alim diyerek
aliterasyonlara gelmişim
kara kuru kadınlar yüreğine ket vurmuşlar da
kapkara bakışlı korku tezgâhtarlarına
zar atar olmuşsun riyayı gözün mızrak olmuş tenine
mızrap özler olmuşum erkeksi soluğunun yokluğunda
hüküm giydirmişim senden kara gölgemi bile esirger olmuşum
senden ve sadece sözümü siğiline şap sananlardan
kızıl akbabayım ben kafes ardından seyredersin beni ancak
soyum tükenmekteymiş ben de ihanetlerde öğrenmişim
sen kendini bulduğun sığ sularda yitirdin beni
olmayan bu umurunda ve iyi ki değilsin farkında

Nisan 1995

kan otu çiçeği

terkediyorum seni.
gelmeyeceğini bilmek
geleceğini sanmaktan
daha az yakacak canımı.

hoşçakal kibir sevdalım
şattülarap muradım.

öfkeden karartma gözlerini
gelmesen de olur güldür güldür
sancı ve karanlık sütliman şimdi
yiğitliğine gölge düşürmeyen gece bitti
aşkımız vazoda kiç güldür
sen iyisi mi beni yarın öldür

gece şiir acil
gece yol acil
desdamona yüreğim
çöktü çökelekti
balık koktu
taş yutmuş karnı dümbelekti
tazı kaçtı tazı tuttu
dünya kaç bucaktı
kendisi de unuttu

pır pır edip göğe kaçan sözdür
gece aşk yensiz kırık kol
seyiren göz gören gözdür
çarpmadan git körkütük kapıyı
sil de git parmak izlerini
ellerim yarın daha az üşür
sen iyisi mi beni yarın öldür

hoşçakal kibir sevdalım
şattülarap muradım
gece sürgünlerimi severim
ha sensiz ha kimsesiz
yatak kan revan güldür
biz yatakta doludizgin yatalaktık
dışarda onlar vardı ötekiler
iktidar hırsızları vardı ahrazdık
yüreğin cülük aşkım sözün ferik
aşıktık, yasaktık, kalacaktık
koltuk değneklerimiz oldu minik minik
tek tip umutlarımız
kayıptık ama kayıp da düşmezdik
biz kısa bir süre de olsa ümit ettik

kalbim el pençe divan güldür
gece bana kalsın
sen beni yarın öldür.

11 Aralık 1996 - 20 Şubat 1997, Ankara

küpe çiçeği

deli lir çalardı
lir çalmayı severdi deli
deli deli çalardı liri

mor tılsımına çıplak ayak
girince aşkın sol göstermesine
yekpare duramamış
arı kovanına düşmüş başı
üfleyerek çalıyor şimdi kavalı
küpe çiçekleri açmış kulakları

geven çiçeği

şu anda düşmelisin üstüme
şu zamanda değmeli gölgen çağıma
tam bu anda omzuma yüklenmelisin
tam bu anda yığmalısın varını yoğunu tarihime
bu sabah düğümlerimi sen aç isterim
bu sabah da mı ben karşılayacağım
sağır tuşlara sığınmış parmaklarımı?

bunun için hırçın yürek
bunun için gel de sahiplen çığlarımı
yok zamanım gel diyorum duyuyorsun
gel yüreği zamana sıkışık
bedeni mekâna tıkışık kızıl gülücük arası
bal dudak
telaşımı gör
bırak mırını kırını
gök dindi
kırıntıları indi
yıldız dindi
ağacı ışık aldı
gün yarına kaldı
gel

gece bize
bunlar da sana birkaç dize

23 Haziran 1998-29 Ağustos 2000 Ankara-Yalıköy

kardelen

Gülnur Sözmen'e

aşk ölümden önce midir
aşk ölümden sonra mı
bilemedim, çözemedim
bu saati ben kurmadım

gül cemalin bakar aydan
sesin akar yıldızlardan
merhabasın mor salkımdan
yola düşen erguvandan

leylekler göçtü gitti
eylül bu ömür bitti
nerdesin ey nihavent pembesi
ellerin ah nerde bitti

aşkımız tuz gibi
zaman geçer tuz kalır
aşkımız buz gibi
"buza giren buzda kalır"*

(*) Güney kutbu kâşiflerinden Earnest Shackleton'ın sözü

4. Söze çevirdim herşeyimi
kendimi çeviremeden.
Yatıyorum şimdi kaykık—
Artık öldüm mü?

5. Bu muyum?

Oruç Aruoba, *Ol An*. İstanbul: Mefisto Yayınevi, 1994:204-205

menekşe gülü

kuzey penceremden gecenin içinden
zarif mi zarif dingin bir mozart
dedi biliyorum en güzel dizelerini bana ayırdın
ben de en güzel zamanımı herkesten çalıp sana
esinsiz kalma diye geceyarısı
çoğala çoğala bir güldür ırmak olduğunda
son kez duyacaksın beni
o güne kadar en güzel veda busemi anımsa

baktım ay düşmüş
baktım ormanlar düşmüş
baktım her yanı kalkancı sisi örtmüş
hayat dediğimiz aşk ve hasret içinde
eski şarkılara nakarat olacak
katmerli mi katmerli
dikeni kadifesini yırtan
cinaslı bir düşmüş

21 Ekim 1997, Ankara

gülibrişim

acıyı yadırgamaz olmuştum epeydir
gezinip duruyordu ayaklarım benden habersiz
ırmak kenarında tozu toprağı bana kata
dizim çözülü çözülüveriyordu
bahar ardına bahar ardından
adın ne adın ne diye peşime düştü rüzgâr
için çürümüş diyordu sığırcık
übülük oyna çocuk diyordu tomurcuk
sırtımda bir pul ışıldıyor
gözümü alıyordu ışık perdeleri kaldırıyordu
çıplak tepedeki tek ağaç
ah o adını bir türlü öğrenemediğim ağaç
salın olayım artık geç şu ırmağı diye bakıyordu
zaman kışaydı
ağaç bunu benden daha iyi biliyordu
ateş su toprak daha iyi biliyordu
acıyı yaşamak yaşamaktı
düşünerek koydum oğlan başımı yastığa
düşümde annem minicik kanatlarımı görmüyor
deryada yolda kalıp da üşümeyeyim diye
parmaklarım arasına
yepyeni perdeler örüyordu.

25 Aralık 1997, Ankara

yılbaşı çiçeği

dün gece bülbül kondu soluğuma
bakışı öyle usuldu
gücü öyle dingindi ki
ellerim anlam kazandı dokununca tenine
dokununca sesime sözü öylesine

21-22 Ekim 1997, Ankara

ak babaç

dışarda masum kar tipi ayaz
katıksız bir ırmak som sözüme ahraz
uyku tutmamış gözünü zekeriya gençliğimin
telaşla koşmuşum tiril tiril düşlerimi biraz
şimdi dinlediğim başımdan düşmeyen
ve yorgun yastığımla yanak yanağa
geceyi yakan yakışıklı bir beyaz.

21 Ekim 1997, Ankara

öksüzoğlan çiçeği

Şenol Mumcu'ya

korkularımı öyle usulca çektim üstüme
aşktan başka hiçbir can ürkmedi
çünkü sadece o uyumaktaydı içimde
gül yürekli kumru desenli döşeğimde

22-30 Ekim 1997, Ankara

ıtır

aşkım dediğiyle aynı düşü görmek üzere
koyduğunda yastığına başını
bilemezdi yastıktaki paslı simin yanağında
onulmaz yaralar açacağını
en narininden bir kadife çiçeği
kokunca uyandı yarasına
yaralarının arasına düşlerini dürüm yapıp
yalnızlığını sarmaladı
içine
içindeki kekiğe
dadandı.

21 Ekim 1997, Ankara

yıldız çiçeği

şiir yazdığım için tutundum dağlara
nerden bilirdim düşeceğimi aşkın bir ırmağa

sımsıkı tutundum da bir kuru badem dala
aktım gittim bir zarif zülfekâr kolumda

Soylu bir huzur aradım ömür boyu duvarda
Allâmelikler amma da dalga geçtiler bu ırmakla.

21 Ekim 1997, Ankara

karanfil

ölümdü ayrılık. yaşlarımız gözden.
yaşamdan ayrılık. anılar sözden.
ah taze kız. bir kaval sesi gecenin içinden.
yolu ölçememem can nasıl uçsun közden.

ölümdü ayrılık.
sözü esirgedik tenden.
suç yok. ne sende. ne bende bedende.
ayıp olan ertelemekte düşü.
zamanı eğri büğrü yorgun bir bedenden.

21 Ekim 1997, Ankara

ipek çiçeği

ne günden geçer ne geceden
ayıldığından beri düşten düşlemden
kitaplar dolusu odadan fışkırıp ölümden
bir şiir okur çocuk tükenen haznesinden
elması da çizer şiir mekânı
camlar ayaklarını zedelemeden önce
nakaratı unutulmaz hicaz bir şarkı mırıldanır
bakışı sait faik balıkçı
yaşam düğümlenir sürer
sürüsüne bereket şiir düşer kaleme
eli kalemde bakakalır kendine.

21-22 Ekim 1997, Ankara

horoz ibiği

güya ben bu gece ölecektim sarsak revanım
güya sen de ardımdan ağlayacaktın bıçkılı zebanim
güya bütün sümbüllere sebepli sebepsiz sümkürecektim
güya şu şimşeklerini sözün elimden kaçırmayacaktım
güya bu ağacın altını gazapla teneşirlemiycektik
güya biz kendini bilmez iki ego cogitoymuştuk uyaklı
güya onlar sıçıp batıracaktı ellerine yüzlerine riyayı
güya biz bulaşmıycaktık ak kaşık bile olsa apış arası
güya kimse bilmeyecekti şemsin terkisinde kan ter ayıbımızı
güya şekspir şükranlarını tezekleyip şiktir olup gidjekti
güya siz de faili meşşul olujektiniz sayın şaibeli geje
güya ne bilmediğimi bilicektim ben şeyi bilijektim de
güya biz romantik düşlem mi n'olcekdik hem de lirik bi şi
lebaleppuştluğumuzdanonstopmutluolucekdikhaniyeniçıkmıştısütdişi.

23 Nisan 1994 - 28 Aralık 1996, Ankara

kumzambağı

zahiri yerle zahir gök arasındayım bu gece
çalmaz çirkin çığlığımı tek bir ciğeri pek şair
ihanet etsin sözüm dilime de dökülmesin sahici bir hece
kumdan sahile ayak basar da tayınımı beklersem zahir.

21-22 Ekim 1997, Ankara

ılgın

sevgiliye hasretle ateşler içinde yatarken
düşümden kayıtsız geçti cehennem kayıkçısı
"seni sonra geçireceğim karşı kıyıya," dedi
"yeni açan goncalara yağan kar gibi olacak gidişin,
beni unut, aşka sarıl, sürpriz bekle..."

21 Ekim 1997, Ankara

kokina

john williams'ın kemanları
hicaz düştü üstüme içkiden
acımasız ama gerçek

yabancı ama sahici kelepçeli
çaresiz ama samimi bir çalgıcıydım
dizlerim üstünde karşıladım sabahı
sevgili uzak haritalardan baktı
başkasına peşkeş tanıttı beni

ışığı geceye kuşattı
geceyi ışığa boğdu
sancılar dindi sandı

sen miniminnacık kâlpli kımıl çocuk
sen de dikeni olamazsın bu gülün
sen de atlastan diktirmezsin mintanını aşkın

gün güneş keman yay
yüz görümlüğümü yitirdim
kem gözlere vay...

ey gözü deryaya gömük çocuk
dur karar verme
sus
geçip giden yalnızca
bir dikilitaş
bir de aşk
aşk aşkına
sus da konuşsun
acuze ışığı gömen gece
kalbimi gömdüm bir klarinete bu akşam
aklımın kovanında uğunur ece
mekân duman
zaman bilmece...

23-24 Haziran 1994, Ankara

vargit çiçeği

aşk gecenin usul gözlerini deşince
birdenbire öylesine usulca
elleri korkardı ürkütürüm diye geç de olsa
çiğdem üstüne kendiliğinden konan telaşlı kelebeği.

düşlerden acı çekmeden çıkamayan yürek
sabahın ilk ışıklarında asılıverdi boynuna
rüyalarını sokan som akrebin.

21-23 Ekim 1997, Ankara

ölüm hali

Mezarlıkta kurulan
panayır gibi artık
yaşamın—

Oruç Aruoba, *"Haiku 223," Ne Ki Hiç: Haikular*.
İstanbul:Varlık Yayınları, 1997:73

mum çiçeği

gün battı mı dağların eteklerinde
bir ayna pır pır kibardır hem de nasıl
gölgelerde narin bir ima durur
ayna yüzüme vurur kuşluk vakti
çiğdem fesleğenler üstünde kurur

21-22 Ekim 1997, Ankara

erik çiçeği

bir varmış. bir yokmuş. yusuf unutmuş.
bu yol vadilere açılırmış. yusuf unutmuş.
bu bulutlu ormanlar düşlere açılırmış. yusuf unutmuş.
kanatları ölümsüzlerin nice denizler aşmış. yusuf unutmuş.
nice anne memelerinden ak süt gibi süzülürmüş dağlar.
yusuf unutmuş. gölgeler serinmiş. yusuf gerinmiş.
atmerli aşık atmış. yusuf düşmüş.
sekmiş yusuf. sekemekleri unutmuş.
yol gene bahar kokarmış başkasına. yusuf unutmuş.
hep sıcak kuytuların kuyularını anımsamış yusuf.
kiraz bahçesini unutmuş.

21 Ekim 1997, Ankara

taflan çiçeği

sen konuklarımın en latifelisiydin
cemalini serdim önüme çıkan her mezar taşında
ama ne zerdali dalında yeşerdiğini göreceksin
ne de adını kazıdığımı tapınağının her daim açık kapısına.

21 Ekim 1997, Ankara

amber çiçeği

nil güne durdu marmarada
ölümünden tanıştım üç yıl sonra
düşü ne biliyordu, bilmiyordum
ölümü boğmuştum gözyaşlarıma daha yeni
acıgölde beşyüzonbir nolu çukura

çok olmuştu duygu firavunlarım çekip gideli
dururum şimdi sürüklemeden önce burgaza ben-imi
karanlığında kalbimin deltasına gecenin güveni
bedenimin dindirir gül yağmurları devinimlerini

değince gizil kınıma kanıma girdi şiirin
belirsizliğin ateşli akışımda kıvranıyorsun
yüzdükçe kendi suyunda bu kuğu serinliğin
can suyumda ıslanıyor ak denize ağuyorum

"fırtınanın gözünden dünü sil veya günü nil marmarada"
diyor bir ses kulağımda usulca kıvranıyorum:
sevdam mı, ömrüm mü direnen?
yoksa bu yüreğim mi tükenen,
sevdam mı, ömrüm mü?

10 Kasım 1990, Ankara

talasani

ben bundan hiçbir şey anlamadım anne
aynı kadife koltuğa oturuyorum
aynı kumandanın aynı tuşlarına basıyorum
aynı telefondan aynı sığ sesleri bekliyorum
ve her gün anne her allahın günü
aynı kirli pencereyi aynı kilitli kapıyı açıp kapatıyor
aynı umarsız şiiri aynı kurmaca öyküyü yazıyor
aynı ıssız bedenlere sarılıyorum
bilmeliydim anne bilseydim
bu semeri sırtıma yiyeceğimi söyleseydin keşke
"ben size dönmem ama siz bana dönersiniz" derdin
anlamamızı o torlak aklımızla nasıl beklerdin?

bu ışık anne bu ışık sönmesin istemek tescillemek midir güzümü
görmek için bu hasret bir kez olsun bir kez sadece kendi yüzümü.

17 Kasım 1998, Ankara

kuşkonmaz

bir gül bahçesine
yüzükoyun düştü zümrüdüanka
ağlarsa anam ağlar
bir de federico
federico garcia lorca

30 Ekim 1997, Ankara

saat çiçeği

gücenmeyin
ölüm aşkın izdüşümü
bu yüzden durgun aktı sesim
bu yüzden yüzüm yoktu bakmaya şıkır ırmağa
kalbim bir istanbul küheylanı çağlar eskisi
ağır aksak misafir edişim sizi bu yüzdendi
düşlerim bu yüzden daha devingendi gözlerimden
bu yüzden tenin sarhoşluğunu erteledi durdu közüm
ve bu yüzden kaçırdım riyasız ellerimi utangaç gözlerinizden
gücenmeyin

gücenmeyin günaydın derken titrediyse sesim
gücenmeyin üşüdüğünüzde sarıvermekte geciktiysem
ve özlemlerinize geç kalıp ilk giden olduysam sohbetinizden
kesmeyin sarısabır sarmalınızı
bir uslanmaz allâmeliğim ben
kararsızlığım bilmeyişimdendi
yolun sonunda aşk mı karşılayacak ölüm mü
aşk bir harup ağacı çıkamadım
çıktım inemedim

sakardır sözüm gücenmeyin
giyinmek istemediysem harabenizi
çuval çuval aşk ördüğünüz yumaklarınıza
rengârenk kasnaklarınıza burun kıvırdıysam
bir nafile narin soluk içindi
ancak o şehrayine O mutlak külhanbeyine yakışan
dağdeviren tek buseden kaçmak içindi
sohbetinizin en şakrak ortasında
"bi şiir okiiim, bi şarkı söyliim !" diye şımardıysam
o son resmi geçit korkumdandı
gücenmeyin

burnumda adalar nöbetçisi bir hanımeli,
kulağımda ibibik ömrümün en latifeli cıvıltısı
mekânımı istila etmiş şahta dikilitaşların en oynakları
aman ne de dıgıdık zelveli toynakları
niye beklesin öyleyse bugenvil kitap arasında
beklemek en zamansız ceza
caiz değil ki hem hayat dediğin çük kadar kısa

penceremden gözüme gözüme gerinen
ayak bileklerime kadar girebildiğim derya
"unut," dedi,
"şiişt! unut bunları,
anımsamak tehlikeli güz ortası
tatlı su balığı gibi
zarif değil ki umarsızlığın
kilitleyip kutsayasın kendini dörtköşe bir seraba.
gel bu kucak seni de alır, gel de doğur kendini,
rahmim mekân-ı ekber," dedi.

bana nar zaman getirin en sahicisinden
gezgin gecemin şaşkın pusulasını getirin
kavuşturayım şamil şehvetimi bir sahil sabahına
zamanınızı esirgerseniz benden sizi de unuturum
unutursam teninizin kıpır haritasını bile
bu yüzdendir
bu yüzdendir sus pus olmuşluğum

ayak bileklerimden tutup da bir çukura bırakmak bedenimi
size düşmüşse bir şıpır bahar öğle vakti
tenimin soğukluğu bu yüzdendir
"zamansızdı, ondan yitirdi topacını
sek sek oynamayı da hiç öğrenemedi
hep çizgilere basardı,
kendini anlatmayı pek severdi
başladığı kareye de dönmek istemezdi," deyin
gücenmeyin

aşk bir başlangıçtır
ölüm bir son
ölüm aşktan önce gelir
bu ahkâmı ben buyurmadım
bu zembereği ben kurmadım
siz acıtmayın dilinizi
hep başlayın
narin nerkis beyin bu kitabesi
üstünde de fazla durmayın
üşenmeyin, şarkınızı söyleyin
gücenmeyin

20 Temmuz 1995 - 7 Ekim 1996 İstanbul Otobüsü - Yalıköy - Ankara

kasımpatı

hiç vazgeçmedi sonbahardan
kışlık kunduralarıyla
yüzdükçe sarı mor yapraklar içinde
eksik olmasa da yüzünden kunduracı babasının tokadı

gülümseyişinde şeftali çiçekleri açar şimdi
çavlanlar sevişir gözlerindeki kabirde
kâmil bir kama saplı da olsa dilinin orta yerinde

21-23 Ekim 1997

küstüm çiçeği

dokunulmaya görsün yabanıl teni
üşengeç bir meltem bile
düşürür yapraklarını

güz geldiğinde sevilmezse
cezadır elleyene kendindeliği

21 Ekim 1997, Ankara

devramber

bin dağdan uçup da gitti kuşların hepsi, evet hepsi
bir tek insan izi kalmadı geriye, ne de kokusu tersi tersi
bacak çotuklarına, donmuş ırmağa baktı uslu ihtiyar
yüzünde gülümsemenin bilgesi, dilinde bir saba eskisi

21-22 Ekim 1997

abun çiçeği

güneş vardı. şakayıklar vardı. pamukhelva bulutlar.
sonra üşüşüverdi düşlerime binlerce bina.
gözüme boz indi çöktü ayırdı göğü gözümden
seçemediğim kayık beni bu yakaya taşıdı.

21-23 Ekim 1997, Ankara

kiraz çiçeği

çivilerle çizdiydim bu kor yolu çamura çocukken
güz ırmaklarının kederli akışını izlermişim bilmeden
kış ellerini büyütmüş de üstüne ben çığ gibi büyürken
vebalıymış sefanın baharın acil yaprakları toprak üstüne düşerken
kimse muaf değilmiş o mor ahkâmdan yeryüzünde adaleti kendinden.

21-23 Ekim 1997, Ankara

kardelen

gün döndü günler döndü gelmedin
ne hüthüt öttü ne bülbül
bekledim hep bekledim
yaş düştü ıslandı altımdaki taş
ben öldüm kaldı taş

21-30 Ekim 1997, Ankara

nilüfer

Levent Alan'a (3 Aralık 1978 – 14 Ağustos 2000)

ada vapurunda yüklü yaşamdan
ve alıp götürdüğümüz tek başlılığımıza
hanımeline sığınışımız ve gün batışı
oysa daha beş dakika geçmedi konuşalı

ülis zihnim hâlâ sana mekân
geriye bakışlar pişmanlıklar yok
yok faydası vapurlar habire gidiyor
öteki yakada az gittik uz gittik
dere tepe düz değil yokuştu
unutulmuş bir kıyı köyüne indik
ne şenlikti o yüreklerdeki
ne kalabalık basmıştı ayrıntılarımızı
ne kimlik ne kasvet ne zorunlu ötekiler vardı

daha beş dakika geçmedi konuşalı

ben seni yüklemişim bir başka yüze
asla kurtarmadılar bizi batan vapurdan
hiçbir allahın kulu çıkmadı ki
o fersah yalnızlıktan
çekip çıkarsın ikimizi
bu yaşı geçmiş denizden
fener alaylarından gözü kamaşmış benizler
gözlerini öte yana çevirdiler suda senle ben
bire bir öylesine ışığa sahiplenemeden
ahkâm vakti çiçeklerinden
göçüp giderken hiçlik aklı

daha beş dakika geçmedi konuşalı

ah sevgilimi görüyorum elinde güller
başucumda gözyaşlarının serinliği
ağlıyor belli ki üzülmüş yapayalnız kalışına
sonra bir avuç ıslak toprak taş
ve güller güller düşüyor üstüme karanfiller
ayağımdan tutan bir yabancı
oğlum bile değil
bu tenimin son sıcağına
dokunan

daha beş dakika geçmedi konuşalı

çukura evet çukura bakıyor gözler
daha dün döşemiştik evimizi
geleceğimiz ve senden benim aklımda kalanlar
gözümün önüne gelmek için yarışıyorlar
gelmiyor ne sevgilimin şefkatli yüzü
ne de çocuklarımın temkinli sıcaklığı

daha beş dakika geçmedi konuşalı
ne ben doydum dünyaya
ne de dünya beni solukladı

19 Aralık 1992, Ankara - 1 Eylül 2000, Yalıköy

dadali

hangi kuşun
hangi ötüşünü
özleyecek beden
hangi soluk saracak
ahkâm vakti tohumlarını
ben hangi tohumdan ben olacak
hangi canlı
canla başla
canımı soğuracak?

21 Ekim 1997, Ankara - 1 Eylül 2000, Yalıköy

...

boğazıma kadar yürüdü
o mor.
sesim mosmor
çıkmıyor.
pus dehşetini gözlerimin
korku ve ışıkla
kapatıyorlar.
soru ne?
onlar kim?
öznesiz, zamirsiz
kafamda uğuldayan
kof kuzgun
uzak...
unutuşun yaprak dökümü
şimdi,
dinliyorum...
tekinsizliğim büyüyor.
metni tamamlıyor muyum?
bilmiyorum...

7 Aralık 2000 – 12 Ocak 2001 Yalıköy-Teşvikiye